MÉMOIRE

POUR Monſieur BILLARD DE VAUX, Conſeiller Honoraire au Grand Conſeil, & Premier Préſident au Bureau des Finances, Chambre du Domaine & Tréſor.

CONTRE le Sieur GUY NICOLAS BILLARD DE CHARENTON, Chevalier Capitaine au Régiment d'Infanterie de Médoc, Chevalier de l'Ordre de S. Louis, ſon Frere.

LE double perſonnage de fils injuſtement odieux à ſon pere, & de frere indignement outragé par ſon frere, a de ſi grands droits ſur les cœurs ſenſibles, que les plaintes du ſieur de Charenton, ne pouvoient pas manquer d'être favorablement accueillies, même ſans le ſecours des grandes & pathétiques phraſes que nos Romans lui ont prêté.

Mais eſt-ce un avantage dont il doive s'applaudir ? Eſt-ce avec raiſon, qu'en ſe félicitant publiquement de la diffamation dont il vient d'accabler ſon pere & ſon frere, il ſe livre déja, ſans réſerve, au barbare plaiſir d'avoir immolé de ſi prétieuſes Victimes ?

On l'a plaint, parce qu'il s'eſt montré digne de pitié; continuera-t'on de le plaindre, quand on le verra confondu ? Il a attendri en réclamant les droits *de la nature, de la Religion, de la Juſtice & de l'humanité*; continuera-t'on de s'attendrir pour lui, quand il ſera convaincu de les avoir ſeul violés ?

Plus il a paru malheureux, plus ſans doute il paroîtra coupable; Les hommes aiment tous à être amusés, mais aucun ne renonce à penser. Tous veulent qu'on les intéresse, mais aucun ne veut être trompé. On se prête à un Ouvrage qui affecte le cœur & l'esprit, mais on le proscrit quand on reconnoît que l'Auteur a surpris l'un & l'autre. Ceux parconséquent qui se sont le plus laissé toucher par le fabuleux récit des malheurs imaginaires, du sieur de Charenton n'en deviendront que plus sensibles au sort réellement déplorable d'un pere & d'un frere, Magistrats l'un & l'autre; qu'il vient de compromettre avec autant d'injustice que de scandale.

C'est ce que M. le Président de Vaux se propose d'établir dans cette réponse, triste carriere à fournir! Il en est pénétré: mais carriére dans laquelle il ne pourroit éviter plus longtems d'entrer, sans trahir ce qu'il doit à son état, aux deux Compagnies auxquelles il a l'honneur d'appartenir, & à lui-même.

Ses preuves se diviseront en trois parties. Dans la premiere on proposera les faits généraux qui, en confondant les sujets de plaintes que son frere prétend avoir de tout tems acquis contre lui, prouvent que s'il étoit capable de reconnoissance, il ne trouveroit pas un instant dans sa vie où il n'ait quelque raison de s'en louer. On démontrera dans la seconde, que la déclamation du sieur de Charenton, destituée de tout intérêt légitime, n'a pour objet réel que de mettre M. de Loriére & M. le Président de Vaux à contribution. On établira dans la troisiéme que les faits qui servent de prétexte à cette déclamation sont, ou faux en général, ou déguisés dans leurs principales circonstances.

Ces trois propositions remplies, le sieur de Charenton éprouvera sans doute, mais trop tard, un juste regret de l'inconcevable dureté avec laquelle il a rejetté les propositions de paix & d'accommodement que le Défenseur de M. le Président de Vaux a cru devoir épuiser avant que de lui prêter un ministere que ce refus pouvoit seul rendre nécessaire.

PREMIERE PARTIE.

Faits généraux qui détruisent les sujets de plainte que le sieur de Charenton prétend avoir de tout tems acquis contre M. son frere.

Jusqu'au mois de Mars 1751, aucune mésintelligence n'avoit

troublé l'union qui devroit régner encore dans sa famille de M. de Loriere. Le sieur de Charenton n'avoit pas encore imaginé les différens sujets de plainte qu'il vient de répandre contre M. son pere & contre M. son frere. Il s'applaudissoit au contraire avec eux de cette prétieuse tranquilité qui les dédommageoit dans l'intérieur, des troubles ausquels M. de Loriere se voit malheureusement exposé depuis plusieurs années.

Cette circonstance, dont on découvrira bientôt l'application, est prouvée par rapport à M. de Loriere, par une multitude de Lettres; mais comme ce qui regarde M. de Loriere n'est qu'indirectement relatif à la défense de M. le Président de Vaux, on se contentera de rapporter ici les deux dernieres, c'est-à-dire celles qui avoisinent le plus l'époque de la Discorde.

Je vous suis bien obligé (Lettre du sieur de Charenton à M. de Loriere du 26 Juin 1750.) *de la bonté que vous avés de penser à moi & d'en parler avec Madame de Charenton, elle m'en a fait part, & paroît bien reconnoissante des preuves d'amitié que vous lui donnés, elle ne négligera rien pour en mériter la continuation; je souhaite que la situation de vos affaires vous mette à portée de suivre l'amitié que vous avés pour tous vos enfans; je tâcherai par mon œconomie de faire voir que votre amitié est le bien auquel j'aspire le plus; je remplirai avec empressement les devoirs de bon fils; je souhaite que Madame de Vaux termine heureusement son Procès de Bordeaux, afin qu'elle puisse revenir quand elle le jugera a propos; j'y suis intéressé, si mon frere est en disposition de suivre ses engagemens, vous avés consulté votre bon cœur, en ne recevant dans votre maison que ceux que leurs affaires permettent d'y être; vous en aurés plus de tranquilité & tous seront contens d'avoir ce qui leur convient mieux; pour moi je n'ai d'autre intention que d'être auprès de vous & de ma chere mere, afin de vous soulager en tout ce qui dépendra de moi; je vous serois fort obligé de m'envoyer la réponse de M. de Bercy & son Mémoire. J'espere que je serai à Paris a portée de vous seconder pour solliciter l'affaire si elle ne s'accommode pas. Le motif qui vous détermine à vendre la Terre est trop louable, & trop digne d'un bon pere, pour que Dieu ne vous favorise pas dans la vente. Par la Lettre que j'ai reçue de ma femme & par les précédentes elle ſuivra votre conſeil pour donner congé, & le démenagement, perſuadée que votre amitié pour elle ne lui fera faire que ce qui lui ſera plus utile, & plus conforme au plaiſir qu'elle à de loger aves vous, afin de vous faire compagnie & à ma mere; j'ai l'honneur de vous adreſſer la Lettre que Vilſeu préſentera à M. d'Eſtiſſach, afin que vous décidiés ſi vous la trouvés bien, je ne ſçai s'il a eu ſoin d'aller faire ſa cour à M. de Mirepoix. Je ſouhaiterois bien qu'il put avoir quelque choſe. J'attends avec impatience le moment de vous aſſurer de vive voix du très-profond reſpect. J'ai l'honneur, M. mon très-cher pere. Votre très-humble & très-obéiſſant ſerviteur.* Signé BILLARD DE CHARENTON.

Je vous prie de préſenter mes reſpects à ma chere mere, & d'embraſſer mes freres & ſœurs & ma chere moitié, je la prie de bien ménager ſa ſanté afin de pouvoir remplir ſes fonctions de Garde Malade; je ſouhaite que vous ne lui en donniés point d'occaſions, qu'elle vous parle ainſi qu'à ma mere de ma façon de penſer pour l'un & pour l'autre, elle le ſçait, je n'ai rien a déſirer ſi je puis vous en convaincre.

Le 11 Août ſuivant, deux mois après, il écrivit encore dans les mêmes termes à Madame ſa mere. *Je vous prie de recevoir les veux très-ſinceres pour votre ſanté & proſpérité; je ſuis fâché de n'avoir rien à vous préſenter que des veux, mon cœur vous appartenant depuis longtems à toutes ſortes de titres. Je ſouhaite que par la protection de votre Sainte elle vous obtienne de Dieu une vie plus tranquille & plus heureuſe; il y a longtems que vous & mon pere travaillés & eſſuyés bien des traverſes, il veut vous éprouver l'un & l'autre, votre probité, votre fidélité dans vos engagemens, & votre attachement à remplir vos devoirs avec juſtice devroient vous promettre un ſort plus heureux, Dieu eſt le maître, mon pere vous a montré l'exemple dans toutes ces occaſions de la façon dont il faut ſe livrer à la Providence; elle aide ceux qui ont de la fermeté & de la prudence; j'eſpere tout de l'union qui eſt entre vous & mon pere, de la ſolidité de ſes conſeils & de ſes exemples; J'ai eu l'honneur par le dernier Courrier de le remercier de la bonté qu'il avoit eu de faire réſilier notre Bail, cela nous mettra a portée de vous faire notre cour à l'un & à l'autre. Ma femme à une terreur panique que mon frere vouloit bien venir loger avec vous à condition qu'on lui donneroit l'appartement que vous nous avez proposé & que l'on nous donneroit l appartement sur les remises. Cette proposition ne peut venir de mon frere, ce seroit une façon détournée de nous mettre hors de chez vous, dont je ne le crois pas capable ; cet appartement n'étant convenable à aucuns égards, je crois que c'est un tour habile pour excuser le refus que sa femme a fait par Lettre de loger avec vous ; je le plains sans le blamer. Je suis presque convaincu que quand nous ne logerions pas dans votre maison, ce qui nous feroit une peine infinie, par l'espoir où nous étions de ne pas vous quitter, ainsi que mon cher pere, en maladie ou en santé, Madame de Vaux n'y logeroit pas. Ce n'est pas que je veuille lui prêter ces sentimens qu'elle a débité à qui conque a voulu les entendre ; elle la écrit à mon pere, je n'en parlerois pas, m'en rapportant au tems pour faire connoître la vérité. Je vous prie de rassurer ma femme sur ce point, qui croiroit qu'un pareil changement ne pourroit venir que de quelque mécontentement qu'elle vous auroit donné ou à mon pere, & dont elle est incapable par son attachement pour l'un & pour l'autre ; je vous la recommande ; mon pere ma marqué qu'elle n'en avoit pas besoin, & qu'il l'aimoit beaucoup. Nous ferons l'un & l'autre ce qui dépendra de nous pour en mériter la continuation. J'ai acheté les mouchoirs que vous m'avés demandé en partant, j'aurai l'honneur de vous les porter, je souhaite qu'ils soient de votre goût, la disete d'argent m'empêche de suivre le mien.*

J'ai l'honneur d'être avec un profond respect, Madame & très-chere mere, votre très-humble & très obeissant serviteur, Signé *Billard de Charenton.*

Je vous prie de présenter mes respects à mon cher pere, de faire des complimens à mes freres & sœurs, & d'embrasser ma chere femme.

Le sieur de Charenton avoit assurement oublié ces Lettres & beaucoup d'autres, également affectueuses, quand il a hazardé, dans son Mémoire, d'accuser M. de Loriere d'une antipathie, qu'il fait remonter à l'instant même de sa naissance. Une antipathie de cette espece n'empêcheroit pas un fils respectueux d'écrire à son pere dans certaines occasion. Mais quelle difference n'y a t'il pas entre des Lettres de respect ou de convenance, & ce ſtyle tendre & careſſant que la reconnoiſſance paroît avoir ſeul formé? C'eſt ici le cœur qui parle, & qui ſe livre à un doux épanchement, tout eſt ſentiment dans ces Lettres; la ſeconde mérite d'autant plus d'attention que ce n'eſt point à M. de Loriere qu'elle eſt écrite; cette circonſtance, en relevant d'autant plus les termes dans leſquels elle parle de lui, confond ſans reſſource les idées différentes que le ſieur de Charenton s'efforce aujourd'hui d'en donner.

La preuve qu'il vivoit dans la même intelligence avec M. le Préſident de Vaux, n'eſt ni moins préciſe ni moins intereſſante. On y verra même avec étonnement qu'il n'eſt rien que ce frere *dénaturé*, ſi on en croit le ſieur de Charenton, n'ait fait pour acheter ſon amitié.

En 1734. le ſieur de Charenton eût le malheur de faire au jeu une perte de 2500 liv. Ce fut à ſon frere qu'il eut recours; ce fut de lui qu'il reçut les ſecours que cette imprudence rendoit d'autant plus néceſſaires, que le moindre retardement l'eut perdu dans ſon corps.

En 1737. le ſieur de Charenton, bien aſſuré de ne jamais fatiguer un frere qui trouvoit un vrai plaiſir à l'obliger, s'adreſſa pareillement à lui, fut auſſi-tôt ſatisfait, & lui en témoigna ſa reconnoiſſance en ces termes. *La Lettre que vous m'avez envoyé mon cher frere ne pouvoit venir plus à propos. Elle m'a donné un peu de ſoulagement.* (c'étoit une Lettre de Change) *Je ne vous prierai pas de m'écrire toujours du même ſtyle, mais quand vous le pourrez vous me ferez grand plaiſir.*

Dans une troiſiéme du 4. Août 1738. *J'ai mis en gage l'habit que vous m'avez donné.* Ce témoignage d'une attention ſinguliere de M. le Préſident de Vaux, non-ſeulement à ouvrir ſa bourſe à ſon frere, mais encore à lui faire des préſens, s'acorde-t'il avec la ſuppoſition, qu'il n'a jamais été occupé que des moyens de le ruiner.

Dans une quatriéme du 15 Septembre 1738. *Je vous prie d'emprunter dans la bourſe de vos amis 600 liv.* C'eſt ſans doute une honnête maniere de les demander à M. le Préſident de Vaux lui-même s'il les avoit eues en ſa diſpoſition. Mais ſoit que la Lettre eut pour objet de les lui demander indirectement, ſoit qu'elle n'eût pour objet que de l'engager à les faire prêter, elle ſuppoſe un fond de confiance qui dément d'une maniere bien précise les idées que le ſieur de Charenton donne aujourd'hui de ſon frere.

C'eſt ce qui ſe développe plus particulierement dans une cinquiéme Lettre du 1. Avril 1741. on y voit combien le ſieur de Charenton s'étoit familiariſé avec l'habitude de puiſer dans la bourſe de ſon frere & que jamais il n'étoit refuſé. *Nous avons nos ordres pour quitter la Garniſon, il faut payer quand on ſort. In manus tuas commendo ſpiritum meum. Si vous m'abandonnez je ſuis perdu, je ſuis fâché de vous mettre ſi ſouvent dans le cas d'exercer le précepte des Pontifes, melius eſt dare quam accipere.* Que de conſéquences ne doit-on pas tirer, non-ſeulement de ces perpétuelles demandes du ſieur de Charenton à M. ſon frere, mais ſurtout de ce ſtyle leger & badin! Comment écriroit-on au frere le plus tendre, le plus ſerviable, le plus déſintereſſé, ſi c'eſt ainſi qu'on écrit *à un frere dur, avare, accoutumé à refuſer les ſervices les plus ordinaires, qui ne ceſſe de travailler à ruiner ſon frere & toute ſa famille pour augmenter ſon Patrimoine, auquel toutes les voyes paroiſſent légitimes, dès quelles peuvent le conduire à ce point.* Que faut-il donc croire, ou de ces Lettres ſimples, naïves, écrites dans un temps non ſuſpect, ou du Mémoire du ſieur de Charenton? Sera-ce le Mémoire, quand tant de titres émanés du ſieur de Charenton lui-même dépoſent contre tout ce qu'il contient?

Une ſixiéme Lettre du 22 Juillet 1742 ne combat pas moins ouvertement ce violent ouvrage. *Je vous prie mon cher frere de payer 150 liv. à M. de Chamois. Je vous ſerai autant obligé de votre exactitude à le ſatisfaire, que du ſecours que vous m'avez procuré, je ne vous prierai pas ſitôt de m'envoyer de l'argent*, ſervice récemment rendu, ſervice à rendre, tout ſe rencontre dans cette Lettre, & rien ne prouve mieux combien ces occaſions ſe reproduiſoient fréquemment que cette eſpece de pudeur avec laquelle le ſieur de Charenton, reconnoiſſant combien il abuſe des bontés de ſon frere, lui promet pour l'avenir plus de circonſpection.

Le répy annoncé par le ſieur de Charenton, ne fut cependant pas auſſi long que ſa Lettre le faiſoit eſperer. Nouvelles ſollicitations dans une ſeptiéme Lettre où la confiance que le ſieur de Charenton avoit établi sur l'amitié de M. le Président de Vaux, paroît dans un nouveau jour. *Croyés vous mon cher frere que je vous aurois sçû mauvais gré d'orner votre stile de quelques mots dorés.*

Cette correspondance également douce & pour M. le Président de Vaux, par le plaisir qu'elle lui ménageoit d'obliger son frere, & pour le sieur de Charenton auquel l'attachement de M. le Président de Vaux étoit plus utile qu'une Lettre de crédit, subsistoit encore en 1744 dans toute sa force. On le voit dans une huitiéme Lettre du 12 May. *Si vous ne trouvez des ressources dans votre amitié pour me soulager, je suis &c.*

En 1746 M. le Président de Vaux épuisé par l'extrême générosité avec laquelle il n'avoit pas cessé depuis douze ans de partager avec son frere des Finances quelquefois resserrées, eut besoin à son tour de faire un emprunt de 1500 liv. pour donner à cet emprunt un prétexte honnête, il écrivit à son frere, *sitôt la présente reçûë pour raisons à moi connuës & que je vous dirai écrivés moi une Lettre qui contienne quelque perte de Chevaux & qui finisse pour me prier de payer pour vous une dette d'honneur de 1500 liv.*

De cent Lettres au moins que le sieur de Charenton a reçûes de M. son frere, c'est la seule qu'il ait mise au jour ! Quelle étrange singularité ! Mais il n'avoit garde de la perdre. Dès cet instant elle lui parut propre à l'usage qu'il en fait aujourd'hui. Il y apperçût le moyen de désavouer un jour cette suite de services si rares & si noblement rendus, dont on n'a encore retracé qu'une légere partie.

Aussi est-elle rapportée avec affectation dans son Mémoire, comme une preuve que s'il paroît avoir reçû de l'argent de son frere, les Lettres qui semblent l'établir étoient autant de Lettres mandiées de même que celle que M. le Président de Vaux lui demandâ en 1746.

Mais étoit-ce donc à la réquisition de M. le Président de Vaux, qu'il lui écrivit : *nous avons nos ordres pour quitter la Garnison, il faut payer. In manus tuas, &c. si vous m'abandonnés je suis perdu, je suis fâché de vous mettre si souvent dans le cas d'exercer le précepte melius est dare.... Je ne vous prierai pas sitôt de m'envoyer de l'argent.... croyez-vous que je vous aurois*

sçû

sçû mauvais gré d'orner votre style de quelques mots dorés. . . . . Combien M. le Président de Vaux auroit-il trouvé sur ce Papier? Combien le sieur de Charenton, eut-il trouvé lui-même, s'il l'eut adressé à tout autre qu'au frere le plus tendre & le plus génereux?

Ne seroit-ce pas encore pour ménager à M. le Président de Vaux quelque emprunt, que le sieur de Charenton lui écrivit le 21 Septembre 1747. *Je vous prie mon cher frere de m'envoyer un billet de cautionnement de la somme de* 800 *liv.* Combien M. le Président de Vaux pouvoit-il emprunter sur un cautionnement qu'il envoyoit à son frere, & dans lequel il s'obligeoit lui-même? Auprès de qui cet indécent artifice pourra-t'il trouver grace?

En 1747 il écrivit encore à M. son frere. *Je suis arrivé à Bergues graces à vous, je n'y suis point arrivé décredité*, ce style peut-il se concilier d'avantage avec le systême, aussi contraire au vrai-semblable qu'au vrai, qu'on a imaginé dans le Mémoire du sieur de Charenton, pour déguiser des services dont le souvenir n'annonçoit que trop le vuide & le scandale des reproches qu'il substitue aujourd'hui à la vive reconnoissance dont il vouloit alors paroître pénetré?

Mais ce qui acheve de lever à cet égard toute espece de doute, c'est un compte géneral que les deux freres firent ensemble à la fin de 1747. Le sieur de Charenton y reconnut que son frere lui avoit prêté en differentes fois 7192 liv. sa conduite & son Mémoire prouvent qu'il sçait compter : les plus petites fractions s'y reproduisent avec une justesse digne du plus habile Arithméticien. On y voit aussi qu'il sçait deffendre ses droits, & qu'aucune considération ne le peut arrêter. Ainsi dès qu'il s'est reconnu débiteur de M. son frere de 7192 liv. on peut, sans scrupule, être bien convaincu qu'il avoit très réellement reçû cette somme.

S'il est impossible de se refuser à ces preuves, on le pourra beaucoup moins en voyant quelques autres Lettres que M. le Président de Vaux est encore en état de représenter.

Je vous remerciois lui écrivoit le sieur de Charenton au commencement de 1748 en conséquence du compte qu'ils venoient de regler ensemble. *Je vous remerciois par ma Lettre du premier Janvier de ce que vous avez fait pour moi, dont je voudrois pouvoir vous marquer ma reconnoissance par des effets*; ce style n'annonçoit pas le cruel Mémoire dont le ſieur de Charenton vient d'inonder la Cour & la Ville.

Mais il n'eſt que trop commun de voir les hommes varier ſuivant les circonſtances : il en eſt un ſi grand nombre dont l'intérêt regle ſeul les ſentimens & les démarches ! La ſocieté n'eſt-elle pas infectée de gens qui, ſouples & careſſans, quand ce perſonnage eſt néceſſaire à leurs arrangemens, deviennent ſubitement durs & intraitables, dès que les dangers leur paroiſſent ſurmontés ?

Ils ſubſiſtoient apparemment encore quand le ſieur de Charenton écrivoit à M. le Préſident de Vaux contre lequel il ſe déchaîne aujourd'hui avec fureur, *ſoyez heureux mon cher frere, vous le mérités, peut être m'acquitterai-je un jour avec vous de tous les plaiſirs que vous m'avez fait. C'eſt la ſeule grace que je demande, à Dieu. Mon beſoin eſt preſſant, ne tardez pas.*

M. le Préſident de Vaux n'étoit ſans doute pas encore devenu *le perſécuteur* du ſieur de Charenton, quand celui-ci lui écrivit peu après *Dieu vous récompenſera mon cher frere de rendre ſervice à un frere, ne me puniſſez pas de n'avoir pas été aſſez heureux pour vous rendre des ſervices eſſentiels.*

Il eſt peu de perſonnes que les obligations les plus importantes & les plus réïterées ſoient capables de rendre reconnoiſſantes. Ce ſentiment, fait aſſurément pour ceux qui reçoivent des ſervices, ſemble n'être plus connu que de ceux qui les rendent. Mais par une ſuite du même déreglement du cœur, plus la reconnoiſſance s'évanouit, plus l'indiſcrétion fait de progrès : & s'il eſt peu d'hommes qui ne perdent aiſément le ſouvenir d'une grace obtenue, il en eſt bien moins qui ne la regardent pas comme un titre pour en demander une autre. On croiroit volontiers que les hommes génereux & ſerviables ſont devenus des hommes d'Affaires & des Caiſſiers, dont les ingrats ont le droit de diſpoſer à leur gré.

C'eſt ainſi que le ſieur de Charenton, comblé par M. le Préſident de Vaux, pendant quinze années conſécutives, des ſervices qu'il paye aujourd'hui de l'ingratitude la plus noire, ne craignoit pas en 1748 de propoſer à M. ſon frere qui venoit de faire un mariage, dont une fortune conſiderable formoit le plus leger avantage, de lui rendre *pour préſent de Nôçes* ce compte de 1747 qui le constituoit Débiteur de 7192 liv.

C'est ainsi que la situation de M. le Président de Vaux qui s'étoit souvent endetté lui-même pour obliger son frere, le mettant dans l'impuissance de lui accorder ce nouveau bienfait, celui-ci, qui assure publiquement que c'est au poids de l'interêt qu'on doit évaluer les sentimens *de tendresse*, *de devoir & d'amitié* que son frere affecte de faire paroître, insistoit & redoubloit ses sollicitations sous ces affectueuses phrases dans une Lettre du 16 Janvier 1749.

Quant à l'objet de mon billet, la situation de mes affaires ne me permet pas de l'acquitter, ce n'est donc qu'un papier inutile pour vos besoins & qui m'épouvante, je suis sûr que si vous aviez satisfait votre génerosité en me le renvoyant, que votre amitié augmenteroit, parce qu'au lieu d'un Débiteur insolvable vous ne verriez plus qu'un frere à qui vous avez rendu service, qui vous aime & qui ne seroit point ingrat en ce qui pourroit le regarder. Faites-y réflexion mon cher frere, notre union nous sera plus utile que mille Billets comme celui que vous avez ; les liens de l'amitié valent mieux que ceux de l'interêt.

Est-ce bien la même plume qui demandoit alors si constamment la remise entiere d'un billet de 7192 liv. qui a inseré dans un Mémoire *qu'on étoit trop heureux quand on rend service à M. le Président de Vaux, de ne perdre que le quart de son dû?* Il est clair que pour entretenir *les liens de l'amitié* du sieur de Charenton, il falloit perdre une Obligation entiere de 7192 liv. il ne s'agissoit ici ni d'un quart ni d'une moitié. Mais dans quelle occasion le sieur de Charenton s'est-il trouvé exposé à perdre un quart de ce que M. son frere lui devoit ? M. son frere n'a pas un seul instant cessé d'être son Créancier.

Est-ce bien encore la même plume, qui prêche si patéthiquement le mépris des richesses & l'inexprimable avantage de sacrifier un miserable interêt de 7192 liv. *à la sincere amitié* du sieur de Charenton qui, sur un different dont on va voir que l'objet n'est pas de 400 liv. s'abandonne à la plus odieuse déclamation contre un pere & contre un frere, met tout en usage pour les déshonorer & pour les perdre, & ne respectant plus rien, foule aux pieds les droits sacrés *de la nature, de la Religion, de la justice & de l'humanité* qu'il ose cependant reclamer ?

M. le Président de Vaux fut aussi constant dans un refus légitime, que le sieur de Charenton étoit persévérant dans une demande dont l'indiscrétion approchoit fort de l'indécence ; & sans doute il eut grande raison de ne pas se laisser surprendre par ces affections tendres & onctueuses, par ces protestations d'attachement & de reconnoissance, par cette effusion de sentimens nobles & désinteressés, que le sieur de Charenton lui offroit alors pour acquit des 7192 liv. & dont son Manifeste découvre aujourd'hui l'artifice.

M. le Président de Vaux n'avoit pas alors il est vrai *un fils âgé de cinq mois à la fortune duquel il dût particulierement veiller*, peut-être ce nouveau né eut-il servi d'excuse au refus, comme l'héritier du sieur de Charenton, sert dans son Libelle de prétexte à ses écarts. Mais M. le Président de Vaux avoit-il à s'excuser ? Déjà marié, n'étoit-il pas aussi bien fondé à conserver le Patrimoine des enfans dont il voyoit approcher la naissance que le sieur de Charenton à se dispenser de payer 7192 liv. pour former d'avance un Patrimoine au fils qui devoit naître un jour d'un mariage qui n'étoit encore ni formé ni projetté ?

Tel est cependant le seul crime que le sieur de Charenton ait réellement à reprocher à M. son frere, telle est l'unique source du ressentiment qui l'emporte ; telles sont enfin *les horreurs de son état qu'il eut dévoré dans l'amertume de son cœur, si le Président de Vaux ne l'eut pas forcé de divulguer sa honte*, il devoit 7192 liv. il ne vouloit pas les payer : non content de n'être point pressé par un frere qui se seroit éternellement prêté à sa situation, il vouloit la restitution d'un billet *qui l'épouvantoit* : c'étoit à ses yeux un lien incompatible avec les liens *d'union & d'amitié* qu'il vouloit resserrer entre M. son frere & lui, mais qu'il mettoit à ce prix. Il a été refusé. De-là ses emportemens ; de là le droit de dénoncer sans objet, comme sans prétexte, son pere & son frere à la Societé, comme des *fourbes, des traîtres, & des meurtriers*, qui ont conduit la Dame son Epouse & sa Belle-mere au Tombeau.

Qu'il la regrette cette précieuse épouse, elle avoit tout ce qu'il faut pour le mériter ; c'est un hommage que M. le Président de

Vaux ne cessera jamais de lui rendre. Mais qu'il la regrette sans épuiser ses larmes ; qu'il arrête le torrent dont il affecte d'inonder son Mémoire. De veritables victimes, doivent aujourd'hui partager sa pitié ; un pere auquel il doit son avancement & qu'il accable d'injures, un frere qui l'a comblé de bienfaits & qu'il s'efforce de dégrader, des neveux dont les yeux s'ouvrent à peine, & qu'il poursuit jusques dans le Berceau pour les couvrir d'opprobres ; que d'objets sur lesquels le sieur de Charenton auroit présentement à s'attendrir, si après tant d'injustices & de cruautés, il pouvoit suffire à pleurer sur lui-même.

Quoi de plus cruel en effet que les reproches dont il accable M. le Président de Vaux auquel il n'a pas un seul instant cessé d'avoir les plus grandes obligations ! Quoi de plus injuste ! Où est à présent ce frere indigne contre lequel le sieur de Charenton veut armer toute la nature de ses propres fureurs ? Où est ce frere opprimé dont les disgraces doivent interesser tous les Citoyens en sa faveur ? Ce double Tableau subsiste malheureusement encore, mais les personnages sont changés.

Il faut que le sieur de Charenton se soit bien singulierement aveuglé pour se persuader qu'il verroit subsister ce premier mouvement général, dont tout Mémoire malin est assuré, sur-tout quand il est hazardé contre un homme en place.

Auroit-il pensé que cette foule de Titres, sous le poids desquels il succombe, étoient ou perdus, ou jettés au feu ?

En ce cas, c'est ne s'être crû en droit d'attaquer qu'autant qu'il a crû son Adversaire hors de défense, & c'est une nouvelle faute. Rien de plus contraire, soit aux regles du droit naturel, soit aux délicats usages de la discipline à laquelle le sieur de Charenton s'est voué.

Dans cette idée même, si propre à révolter, le sieur de Charenton peut encore être aisément convaincu de n'avoir senti ni la portée, ni les conséquences de ce qu'il écrivoit. Ses plaintes générales roulent sur ce que M. son pere, *le meilleur des Peres quand il est livré à lui-même*, lui a fait sentir dès son enfance l'antipathie la plus cruelle, en se laissant conduire par M. le Président de Vaux. Pour le persuader, il rapporte une Lettre du 4 Novembre 1748, que M. son Pere lui écrivit à l'armée.

Or, entreprendre de peindre M. de Loriere comme un homme foible, timide, & qu'on gouverne à son gré, c'est attaquer l'histoire de sa vie. Faire remonter l'empire de M. de Vaux sur M. son Pere à l'instant de la naissance du sieur de Charenton, c'est faire de M. de Loriere un docile Ecolier d'un Maître bien jeune encore. Essayer enfin de le prouver par la Lettre dont il s'agit, c'est se donner soi-même un démenti & un ridicule.

Dans la premiere partie, M. de Loriere traite le sieur de Charenton avec une bonté sans exemple, & finit par l'autoriser à emprunter l'argent dont il peut avoir besoin. Le sieur de Charenton qui aime *les mots dorés*, doit avouer que ce style ne tient en rien de l'antipathie. Dans la seconde partie, M. de Loriere ouvre son cœur au sieur de Charenton sur la douleur que lui causent les dépenses de son fils aîné. Il a, dit-il, refusé de faire une affaire avec lui, par la crainte de n'être point payé, ce qui auroit fait du tort à Madame de Loriere & aux cadets. Il ajoute enfin qu'usant de l'autorité paternelle, il lui a *savonné la tête, parce qu'il avoit contracté quelques dettes*. Ce n'est assurément pas ainsi qu'on écrit à un cadet qu'on ne peut souffrir ; ce n'est pas ainsi qu'on se conduit quand on se propose de sacrifier les cadets à l'aîné ; ce n'est pas ainsi qu'on s'explique en parlant d'un Maître, des volontés duquel on n'oseroit s'écarter.

La plus légere attention suffisoit par conséquent au sieur de Charenton pour comprendre que si l'extrême méchanceté de son ouvrage pouvoit d'abord l'accréditer, il n'est point d'esprits raisonnables que ces réflexions puisées dans l'ouvrage même, ne ramenassent, au plus tard, à la seconde lecture. Mais il est des affections qui interceptent avec tant d'empire toutes les facultés de l'ame, qu'on ne voit pas même les choses qui devroient offusquer.

Avant le refus du Billet de 7192 livres, le sieur de Charenton eut, du premier coup d'œil, apperçu des contradictions bien moins grossieres. Depuis ce refus, il ne voit partout qu'un Billet qu'il voudroit se faire rendre sans l'acquitter, & qu'il ne peut anéantir qu'en le payant. Ce point de vûe l'inquiete, l'agite, & répand un si grand désordre dans ses idées, que son esprit, son cœur & sa mémoire semblent s'égarer & se perdre avec elles.

Rendu à lui-même, il ne comprendra pas que pour prouver l'antipahie de M. ſon pere, il a fait imprimer une Lettre remplie d'amitié, que pour prouver la ſubordination de M. de Loriere à M. le Préſident de Vaux, il a argumenté d'une Lettre dans laquelle M. le Préſident de Vaux eſt traité avec la plus grande ſévérité. Il ne concevra pas mieux qu'il ait pû oublier une Lettre écrite en 1740 par M. le Préſident de Vaux à M. de Loriere, pour l'adoucir, & arrêter les ordres qui alloient reléguer le ſieur de Charenton à S. Lazare. S'il en eût conſervé le ſouvenir, il n'eût aſſurément pas parlé de ſon frere comme d'un ennemi, tout occupé de le rendre odieux au pere commun.

Vos réſolutions, mon très-cher pere, ſont peut-être vives; qu'il me ſoit permis de vous le repréſenter. Mon frere vous aime, mais il eſt étourdi. Il en eſt le premier puni. Je l'ai fait réſoudre à partir pour ſon Régiment par le premier cheval que vous enverrez de Vaux, & ne reviendra que quand vous lui manderez, OU QUE JE SERAI MARIÉ, *aſſurant n'avoir aucune part à tout ce qui s'eſt paſſé. Il prendra même volontiers la poſte pour vous prouver plus autentiquement ſon obéiſſance. Ce parti paroît plus moderé, & procurera ce que vous déſirez. Il y a eu de l'indiſcrétion dans ſon fait. Envoyez un cheval, je vous ſupplie, mon cher pere, & qu'il parte. Envoyez-lui auſſi le linge & les habits qu'il a à Vaux. Mon frere prenant ce parti, vous épargnera, & à lui beaucoup de peines & de chagrins. C'eſt tout ce qu'au monde vous pouvez déſirer, & il n'y aura rien qui puiſſe ternir ſa réputation. Je ſouhaite de tout mon cœur que ce parti puiſſe vous agréer. Je l'eſpere de vos bontés. Je vous en ſupplie.*

Je prendrai la liberté d'ajouter que je croi mon frere innocent du côté du cœur & des ſentimens. Sa vivacité & ſon indiſcrétion ſont cauſe de la plus grande partie de ſes fautes. Il ſeroit à ſouhaiter qu'il eût autant de jugement que d'eſprit. Il vous procureroit aſſurément plus de ſatisfaction, & à lui-même beaucoup plus de bonheur & de tranquillité. Je l'ai tourné & retourné de tous les côtés pour voir s'il étoit coupable, en tout ce que j'ai pû découvrir, il vous aime, il vous reſpecte; il a été étourdi, il en ſera bien ſuffiſamment puni par le retour précipité qu'il veut faire à ſon Régiment, plutôt que de reſter en un lieu où ſa préſence puiſſe exciter vos ſoupçons, & le priver de vos bontés. Je vous ſupplie inſtamment de déférer à la demande que j'ai l'honneur de vous faire. Je ne ceſſerai jamais d'en être reconnoiſſant.

On peut juger par cette Lettre, fut-elle même détachée de toutes celles qui l'ont précedée, du cœur & de la conduite de M. le Préſident de Vaux. Jamais aſſurément on n'eût une plus juſte raiſon d'être mécontent d'un cadet, que quand on l'a vû tout mettre en uſage pour ſupplanter ſon aîné pour traverſer un mariage avantageux, & pour s'y conduire lui-même. Quelle offenſe plus grave! ſur-tout aux yeux de quelqu'un qui ſçait aimer auſſi véritablement que M. le Préſident de Vaux aimoit alors & aime encore la perſonne dont le ſieur de Charenton, plus jaloux de ſa fortune que de ſon cœur, avoit voulu lui enlever la main. C'eſt ce qu'on peut raiſonnablement appeller *une conduite noire, un crime contre la ſûreté publique, & l'ordre inviolable des procédés*; c'eſt ce que perſonne dans la ſociété n'eût pardonné au ſieur de Charenton.

Cette indulgence cependant que qui que ce ſoit ne lui eût accordé, il l'a trouvée chez l'offenſé lui-même. L'univers entier ſe fut déclaré contre lui; ſon frere ſe déclare pour lui. Il ne lui ſuffit même pas de faire grace, il ne peut être content que cette grace ne ſoit ſcellée par M. de Loriere. Que d'art & que d'inſtances pour l'obtenir!

On croiroit que c'eſt pour lui que M. le Préſident de Vaux ſupplie, & qu'il expie lui-même l'outrage qu'il vient de recevoir. Mais c'eſt d'un frere qu'il l'a reçû, & d'un frere ſincerement aimé. C'en eſt aſſez, le reſſentiment ne trouve point de place dans un cœur rempli de tendreſſe. Celui de M. le Préſident de Vaux ne s'ouvrira qu'à la vive reconnoiſſance qui doit ſuivre le pardon qu'il ſe flatte d'obtenir, & que M. de Loriere ne pût effectivement refuſer à cet excès de bonté, de tendreſſe & de généroſité.

Il n'eſt donc aucune eſpece de ſervices que M. le Préſident de Vaux n'ait rendu à ſon frere. Il n'eſt point d'année qu'il n'ait été aſſez heureux pour en trouver plus d'une fois l'occaſion, & point d'occaſion qu'il n'ait ſaiſie avec empreſſement. Son frere le ſçavoit ſeul. M. le Préſident de Vaux avoit trouvé autant de plaiſir à oublier ſes bienfaits qu'à les multiplier, & rien ne pouvoit être plus dur pour lui que de ſe voir réduit à les publier.

Mais

Mais a-t'il pû l'éviter ? Publiquement accusé d'avoir toujours nuit à son frere, d'avoir toujours indisposé M. de Loriere contre son frere, d'avoir tout mis en usage pour s'enrichir des dépouilles de son frere; a-t'il pû laisser ignorer des détails qui en établissant sa justification, prouvent si évidemment qu'il n'eût essuyé aucun de ces reproches s'il eût voulu rendre sans payement une obligation de 7192 liv. C'est de quoi on va se convaincre de plus en plus, en voyant que depuis plus d'un an le sieur de Charenton n'a pas cessé de placer M. son pere & M. son frere dans l'alternative, ou d'être publiquement diffamés, ou de se laisser rançonner. On va voir la maison paternelle devenir une place assiégée, aux Habitans de laquelle le sieur de Charenton laisse à peine le tems de la capitulation.

SECONDE PARTIE.

Défaut d'interêts réel dans le Mémoire du sieur de Charenton. Nouveaux efforts de sa part pour se faire remettre le billet de 7192 liv. & preuves qu'il a d'ailleurs voulu exiger de M. son pere & de M. son frere, sous les menaces de la diffamation qu'il vient de faire paroître, plus de 50000 livres.

M. le Président de Vaux lié depuis 1743 avec la Dame & la Demoiselle Destourailles d'une amitié dont il n'est pas encore tems d'expliquer la véritable cause, leur avoit emprunté différentes sommes, à l'usage desquelles elles avoient elles-mêmes veillé.

En 1748, M. le Président de Vaux ayant contracté un mariage avantageux, la Demoiselle Destourailles qui avoit alors perdu la Dame sa mere, crut devoir le presser, ou de lui payer ce qu'il lui devoit, ou de lui en faire un contrat de constitution.

Ce Contrat fut passé le 24 May 1749, au principal de 38000 liv. le sieur de Charenton s'y reconnut débiteur de M. son frere des 7192 liv. promit d'en payer les arrérages à la Demoiselle Destourailles en l'acquit de M. le Président de Vaux & par reconnoissance de ce que le capital cessoit ainsi d'être exigible, il s'obligea solidairement avec M. son frere pour le surplus du Contrat, sauf son recours contre M. son frere dans le cas où il seroit exposé à payer pour lui. On sent de quel poids pouvoit être cette solidité, & à quoi elle exposoit le sieur de Charenton qui n'avoit encore aucun bien. Pour lui ménager. Cependant, ainsi qu'à la Demoiselle Destourailles, de nouveaux motifs de tranquillité, M. de Loriere intervint comme caution de ses deux fils, & céda même, sous la réserve de ses droits contr'eux, à la Demoiselle Destourailles un Contrat sur la Ville au principal de 5562 liv. 10 s. qui diminua d'autant le principal de la rente. La Demoiselle Destourailles parut contente, & elle avoit raison de l'être. Sa créance eût été moins considérable, si depuis 1743 on n'avoit pas chaque année employe, les interêts à grossir les capitaux.

Cette affaire en apparence si importante pour la Demoiselle Destourailles, n'étoit cependant que le prélude d'une affaire bien plus sérieuse. En traitant avec elle, le sieur de Charenton apprit qu'elle jouissoit de 2850 liv. de rente, devint subitement amoureux, & sollicita M. son frere d'offrir *ce cœur pur dont la constante tendresse* n'eût peut-être pas été si promptement agrée, si ce frere, toujours empressé, ne se fut chargé de la négocitation. Il n'a pas peu contribué, soit parce qu'il a sçû dire, soit parce qu'il a sçû taire *à cet inexprimable bonheur de plaire à ce qu'on aime*, que le sieur de Charenton attribue sans y penser, *à une conformité de sentimens*, que ni lui ni la Demoiselle Destourailles n'avoient eu le tems de connoître.

Un an après le mariage, les sieur & Dame de Charenton, pour lesquels il étoit bien différent d'entretenir un ménage ou de vivre chez M. de Loriere pour une modique pension de 1200 liv. dont il voulut bien se contenter, pour le mari, la femme, & deux domestiques, vinrent loger chez lui avec M. & Madame de Vaux. On verra dans un instant le sieur de Charenton demander à M. le Chancelier 6000 liv. d'indemnité, sous prétexte que c'est M. de Loriere qui a voulu ce déménagement. On ne pourra concilier cette infidélité avec les Lettres du sieur de Charenton du 26 Juin & du 11 Août 1750, par laquelle craignant que le logement qui lui avoit été promis ne lui manquât. Il sollicitoit M. de Loriere de le lui conserver, mais cette circonstance est plus relative à M. de Loriere qu'à M. le Président de Vaux.

Le pere & la mere, les deux enfans & les deux épouses ainsi rassemblés, ne formerent jusqu'au mois de Mars 1751 qu'une societé douce, tranquille & digne d'envie. Réunis pour adoucir les peines de M. de Loriere, ils ne sembloient tous occupés que d'en accelérer la fin; de son côté il paroissoit ne redoubler ses soins pour y arriver, que dans le desir de se voir bientôt en état de les rendre plus heureux. Mais sous ce calme apparent; se formoit la plus affreuse tempête. Forcé de se contraindre jusqu'à ce qu'il eut économisé de quoi déclarer la guerre, le sieur de Charenton ne connut plus ni regle ni décence, dès qu'il se crut en état de la soutenir.

Est ce en dire trop, s'il est vrai que le 6 Mars il soupa chez M. le Président de Vaux? que le 7 il joüa de moitié avec Madame de Vaux, qu'il la quitta ainsi que M. de Vaux, en leur donnant & en recevant d'eux les témoignages d'une tendre amitié, & que le 8 Mars il fit signifier à M. le Président de Vaux un Commandement de lui payer 2404 liv. pour arrérages échus de la rente dont il étoit devenu créancier, en épousant la Demoiselle Destourailles.

On ne reprochera point au sieur de Charenton l'indiscrétion de l'Huissier qui se fit conduire au lit de Madame de Vaux, pour ne remettre l'Exploit qu'à elle-même. On ne lui attribuera point l'obligeante attention de l'Huissier qui voulut bien la prévenir, que le lendemain il viendroit enlever les meubles. On regardera comme un simple effet du hazard, que cet Huissier se soit précisément trouvé le seul Huissier qui porte le même nom que Madame de Vaux avant son mariage. On n'imputera enfin qu'à la mauvaise santé & à la foiblesse d'une femme qui touche au terme d'une fatiguante grossesse, la cruelle & dangereuse révolution que Madame de Vaux éprouva, & que sa foible & languissante voix pardonnoit avec tant de générosité, pendant que son mari désespéré fondoit à la fois en larmes & sur la victime & sur le coupable.

Mais peut-on comprendre qu'en passant le 6 & le 7 Mars de si agréables journées chez M. son frere, le sieur de Charenton lui en préparât, pour le huit, une si cruelle & si douloureuse? Le projet étoit formé le 6. Il joüe & soupe chez lui! Les ordres étoient donnés le 7; il joüe de moitié avec Madame de Vaux!

Qui pourroit expliquer le combat intérieur que le sieur de Charenton devoit éprouver en ces instans! Que d'efforts pour assortir une phisionomie riante & affectueuse à une trahison si noire & si barbare! C'est cependant M. le Président de Vaux, si on en croit le Libelle, *qui a jetté le trouble & la désolation dans la maison paternelle*. C'est sous la plume du sieur de Charenton que les termes de *Traître* & de *Meurtrier* se reproduisent. C'est *aux gens de bien & aux Citoyens vertueux* que le sieur de Charenton demande vengeance.

Cette injure ne produisit pas l'effet qu'il s'en étoit promis; dès le 6 Mars, un sieur Belin, créancier du sieur de Charenton, avoit fait une opposition. Pour peu qu'on réflechisse que cette opposition a precédé de deux jours un commandement que M. le Président de Vaux n'avoit certainement pas pu prévoir, on est en état de décider si M. le Président de Vaux avoit mandié cette saisie.

Le reste du mois fut employé de la part du sieur de Charenton à faire cesser ce contretems. Ses arrangemens avec Belin lui procurerent une Sentence de main-levée; & aussi-tôt M. de Loriere, qui doit differentes sommes à M. le Président de Vaux, réduisit, tant par des compensations, que par des payemens réels, la créance du sieur de Charenton à 788 liv. 12 s. 6 d. Il convient lui-même, page 13, qu'il ne lui étoit dû que cette somme au premier Avril 1751.

Ce n'étoit assurément pas un objet de nature à produire dans une famille la plus légere discussion. C'en fut cependant assez aux yeux du sieur de Charenton. Nouveau commandement, qui fut suivi d'une saisie-exécution, au préjudice même d'offres réelles qu'il ne trouva pas suffisantes.

Ces violences devinrent aussi-tôt la matiere d'une contestation portée au Châtelet, & terminée le premier Septembre 1751. La Sentence juge M. le Président de Vaux débiteur, non pas des 788 liv. 12 s. 6 d. que le sieur de Charenton demandoit, mais seulement de 719 liv. 12 s. 6 d. *sur laquelle somme* le sieur de Charenton reconnoît, même page 13, *qu'il doit déduire 438 liv. reçues en diverses fois de M. le Président de Vaux*. C'est donc avec raison qu'on a annoncé que tout l'intérêt de cette affaire ne montoit pas à 400 liv.

Justement indigné du procedé de son cadet, M. de Loriere crut devoir le punir. Dans cet objet il se fit transporter par un de ses Fermiers appellé *Baloche*, & par un de ses Meûniers appellé *Noret*, deux Billets que le sieur de Charenton leur avoit fait. Familiarisé avec le sieur *Girac*, Commissaire de la Voirie, & *Roüillé* Huissier au Bureau des Finances, que leurs emplois appellent perpétuellement chez M. le Président de Vaux, M. de Loriere mit les transports sous ces deux noms, sous lesquels il en demanda le payement aux Requêtes du Palais, & fit deux saisies entre les mains de M. le Président de Vaux. Il forma en même tems une demande à fin d'indemnité, rélative à l'abandonnement du Contrat sur l'Hôtel de Ville, cédé en 1749 à la Demoiselle Destourailles.

S'il étoit question d'excuser cette conduite de M. de Loriere, cela ne seroit pas difficile. Ayant la complaisance de recevoir de son Fermier & de son Meûnier les Billets du sieur de Charenton en payement, il étoit assez naturel qu'il se fit céder leurs droits. Il le devoit même, n'eut-ce été que pour contenir sa famille, & empêcher que chacun de ses enfans ne s'accoutumât à emprunter des Fermiers du pere commun, dans l'espérance que leurs Billets seroient reçus pour argent comptant.

Mais la justification de M. de Loriere ne regarde point M. le Président de Vaux. Il lui suffit d'observer que M. son pere ayant saisi entre ses mains, comme il n'étoit point Juge de la validité de cette saisie, il a dû suspendre tout payement, jusqu'à ce que le sieur de Charenton lui en apportât main-levée.

Le sieur de Charenton l'a reconnu lui-même, en consentant dans une Requête que les sommes dües à Baloche & à Noret, ou plûtôt à M. de Loriere, qui, au moyen d'une retrocéssion, s'est mis à découvert avec d'autant plus de raison qu'il n'en pouvoit avoir aucune pour se cacher, fussent retenues sur les condamnations prononcées au Châtelet.

Il est donc incontestable que la seule action judiciaire qui ait été intentée de la part du Sr de Charenton, n'avoit pas réellement un interêt de 400l. pour objet. Mais des interêts particuliers qu'il n'eut osé proposer en justice, étoient d'une espece bien différente; il n'avoit hazardé ce petit Procès, il n'avoit débuté par des commandemens & des saisies que pour annoncer l'intrépidité, de laquelle ſeule il eſpéroit le ſuccès des tentatives qu'il méditoit.

Elles parurent dès qu'il ſe crut ainſi parvenu au point de n'avoir plus rien à ménager ; il hazarda d'abord contre M. ſon pere une demande en proviſion alimentaire. Mais ayant appris au Châtelet que la Juſtice n'en accorde point à des enfans établis, & qui ont des revenus perſonnels, il ſe retourna auſſi-tôt pour l'obtenir militairement. Cet objet forme un article des contributions qu'il oſa demander à M. ſon pere & à M. ſon frere ſous des menaces réitérées de les déshonorer dans un Mémoire imprimé, s'ils ne les lui accordoient.

Ces contributions avoient ſix objets.

Le premier, le payement d'une ſomme de 8000 liv. pour les prêts faits à M. le Préſident de Vaux par la Demoiſelle Deſtourailles, ſous prétexte que ces prêts avoient mal-à-propos été reglés à 38000 liv. par l'acte de 1749.

Le ſecond, la reſtitution de l'obligation de 7192 liv. dont on a parlé dans la premiere partie de ce Mémoire, que le ſieur de Charenton ſoutenoit uſuraire.

Le troiſiéme, cette penſion alimentaire d'abord demandée au Châtelet.

Le quatriéme, un fond réel pour lui tenir lieu de conſtitution dotale.

Le cinquiéme, la reſtitution d'un billet de 750 liv. donné par le Sr de Charenton à M. de Loriere pour loyers & pour penſion, Billet extorqué ſelon le ſieur de Charenton, qui, contre le texte de ſon Contrat de mariage, prétend que M. ſon pere devoit le nourrir avec ſa femme, ſes enfans & ſes domeſtiques.

Le ſixiéme, une ſomme de 6000 liv. pour les frais du déménagement, que le ſieur de Charenton, oubliant ſes Lettres du 26 Juin & du 11 Août 1750, ſuppoſoit n'avoir fait que par force & par violence.

Voilà à quoi il falloit ſouſcrire : telles étoient les conditions auſquelles il falloit ſe ſoumettre, ſous peine de voir paroître le Manifeſte qui a ſuivi de près. On aura ſans doute peine à ſe perſuader des excès d'une eſpece auſſi nouvelle qu'incroyable. Mais ils ſont prouvés, & il n'eſt point d'eſprit raiſonnable qui ne cede à une démonſtration.

M. de Loriere ſentant que s'il ne falloit que ſçavoir menacer pour obtenir, le ſieur de Charenton auroit bientôt dépouillé toute la famille, résista aux premieres menaces; de secondes, de troisiémes, ne furent également incapables de l'ébranler. Alors le sieur de Charenton commença à s'exercer dans ce style, qui devoit le rendre si redoutable, & dans lequel son Mémoire est une excellente preuve qu'il n'a fait que trop de progrès. Son premier essai de cette diction, devenue si pure & si élégante, fut une Lettre écrite à M. son pere, le 28 May 1751.

Il est tems, Monsieur, & je vous en prie de me faire retrouver un pere que des préventions dépourvues de justice m'ont fait perdre. Les momens sont prétieux. Madame de Charenton & moi l'avons comblé de preuves, de respect & d'attention. Qu'une aveugle prédilection ne lui ferme pas les yeux sur ce qu'il se doit à tous égards. Encore un moment, & les yeux du Public seront désillés. Ses emportemens vis-à-vis de femme & enfans, ses tours de souplesse pour soutenir les friponneries de son ainé, tout sera connu; quelle situation pour un Magistrat, forcé à le couvrir de honte, j'en gémis, &c.

Le sieur de Charenton qui sent aujourd'hui de quel œil la Société verra qu'un fils a été capable d'écrire à son pere une Lettre aussi insensée & aussi furieuse, veut profiter de l'adresse qu'il a eu de la composer, comme si elle eut dû être adressée à un tiers, pour persuader qu'elle n'étoit point destinée à M. de Loriere.

Mais cette grossiere évasion a-t'elle pu le séduire un instant? Et ne seroit-ce pas plutôt pour l'accréditer qu'il affecte d'en paroître satisfait? S'il eut écrit à un ami, la Lettre seroit-elle entre les mains de M. son pere? S'il eut écrit à un ami, seroit-il dans l'impossibilité de le nommer? S'il eut écri. à un ami, n'y auroit-il pas au moins une phrase pour cet ami, soit au commencement, soit à la fin? S'il eut écrit à un ami, sa Lettre commenceroit elle par cette espece d'exclamation seche & emportée? *Il est tems, Monsieur, & je vous en prie de me faire retrouver un pere*, comme si cet ami le lui eut enlevé? Ce n'est que trop véritablement à M. de Loriere que cette Lettre est écrite: tant de caracteres ne permettent pas de s'y tromper, & l'affectation préparée du style ne peut que la rendre plus criminelle en prouvant que c'est un ouvrage réflechi.

Aussi en retrouve-t'on l'esprit, la violence & la dureté dans une Lettre écrite le 15 Juin 1751 à la Dame Blaqué, avec prieres de la communiquer à M. de Loriere & à M. de Vaux, en même tems qu'on y découvre les phrases, au moins de style, quand on écrit à un tiers pour le charger de quelque négociation désagréable.

» Pardon ma chere Dame des embarras que votre bon cœur » vous occasionne, *voilà ce qu'on ne trouve pas dans la précé- » dente*, je vous prends à témoin que ce n'est qu'à regret que je » poursuis M. de Loriere, je lui ai écrit, je lui ai parlé & fait » parler; son aveuglement *pour le Président le fait renoncer à* » *tous les devoirs d'honnête homme, de mari & de pere équita-* » *ble;* dites lui, & c'est la derniere fois que je vous en prierai, » que toutes ses injures contre ma femme & contre moi sont faus- » ses, & dictées par la passion & l'envie de nous épouvanter, » que nous ne le craignons pas, & que nous le prions de ne pas » se deshonorer à la fin de ses jours, mon cœur me détermine à » cette derniere démarche, toutes ses démarches & ses discours » sont bons pour épouvanter des petits enfans; encore une fois » qu'il songe à son honneur, il se trompe s'il croit m'épouvanter, » l'honneur est mon guide, tout me lie à ma femme, & m'oblige » de la soutenir contre les *friponneries du Président*; son Mé- » moire fera rire le Public, le fera mépriser, & ne me fera au- » cun tort; il doit connoître ma conduite & ma fermeté, il est » tems qu'il suive la raison, ses passions & emportemens ont dé- » rangé les affaires de la famille, rendu ma mere & tous les ca- » dets malheureux; qu'il tremble, & qu'il fasse par honneur ce » que la justice lui fera faire; je vous prie de lui montrer cette Let- » tre, & de l'assurer que si je n'avois pas plus de sentiment que » *son Président*, je serois déja vangé par les mains du Ministre » de leur intelligence, *qui tend à ruiner & tromper sa mere,* » *tous les cadets, & enfin tous ceux qui ont affaire au Pré-* » *sident*. . . . . .

La Dame Blaqué avoit à peine communiqué cette Lettre à M. de Loriere, qu'il en trouva une autre du sieur de Charenton à la Dame de Charenton, qu'on avoit affecté de jetter sur ses pas, pour

pour que ces attaques redoublées lui inſpiraſſent plus promptement la terreur de laquelle ſeulement on attendoit quelque ſuccès, & produiſiſſent au moins une compoſition ſur les ſix propoſitions.

On nous a aſſez volé, diſoit le ſieur de Charenton dans cette Lettre, *il faut que l'on reſtitue., ou que l'on périſſe.* . .. . . . *Engagés M.* *** *à aller au plutôt, prenés datte du jour qu'il ira, afin que le terme expiré je faſſe le dernier effort auprès du Chancelier pour avoir vengeance.* . . . *Le tems du reſpect eſt paſſé, il faut vengeance ou reſtitution; ils ſont Maîtres en chicanne, mais le Miniſtre nous ſoulagera.* Il fut nouveau pour M. le Préſident de Vaux, qui n'a jamais eu le plus petit Procès avec qui que ce ſoit, & qui n'apperçoit dans ſa vie qu'une trop grande facilité à ſe reprocher, de s'entendre appeller Maître en chicanne; mais il n'en fut point étonné; il l'eût été bien d'avantage de trouver la moindre idée juſte dans des Lettres qu'un eſprit de vertige & de fureur avoit évidemment dicté ſeul.

Me *** que cette Lettre annonçoit comme le Plénipotentiaire du ſieur de Charenton, ne tarda pas à ſe montrer armé d'un Mémoire en apparence deſtiné à M. le Chancelier. Il n'y a pas d'infamie que cet ouvrage, conſéquent au ſtyle des Lettres qui l'avoient précédé, ne contienne contre M. de Loriere & contre M. de Vaux.

Il finit par les ſix Chefs de contribution qu'on en a précédemment extraits, & dont il forme la preuve. Me *** donna un terme à M. de Loriere & à M. le Préſident de Vaux pour y ſatisfaire, & ſe retira en leur témoignant ſon regret de ce que, le terme expiré, il ne pourroit empêcher le ſieur de Charenton de préſenter ce Mémoire, & de le rendre public. Quatre Témoins étoient préſens à cet entretien.

Quelques préciſes que fuſſent ces menaces, elles n'inſpirerent cependant pas à M. de Loriere ni à M. le Préſident de Vaux la frayeur que le ſieur de Charenton en avoit eſperé; mais ayant découvert que pluſieurs perſonnes avoient déja des copies de cet infâme manuſcrit, ils mirent le terme que M. *** leur avoit aſſigné à profit, pour arrêter les progrès d'une auſſi ſcandaleuſe licence, en cherchant dans le Sanctuaire de la Juſtice, la ſureté qu'ils ne pouvoient plus ſe promettre d'ailleurs.

Ils rendirent plainte l'un & l'autre, déposerent le Mémoire & les Lettres qu'on vient de raporter, & plusieurs autres de la même violence, & firent entendre quelques Témoins qui déposerent sans doute que ces différentes *Piéces d'éloquence* n'étoient que de très-Sommaires extraits des calomnies que le sieur de Charenton ne cessoit de vomir contre M. de Loriere & contre M. le Président de Vaux. Cependant comme l'objet de ces précautions étoit seulement de contenir le sieur de Charenton, & non pas de l'immoler à la sévérité des Loix, ils en demeurerent là, & ne firent point décreter les informations.

Mais M. de Loriere craignant que le retour du sieur de Charenton, & surtout une habitation commune avec un frere si violemment outragé, ne devinssent la malheureuse occasion de quelques voyes de faits, sollicita le Ministre de ne point accorder de congé à son fils, & non pas *de le casser, ni de l'enfermer, ni de le mettre aux Arrêts.*

Le sieur de Charenton, en le suposant, est aussi peu exact sur l'objet du Placet que sur la cause qu'il déguise dans son Mémoire, en suprimant toutes ces circonstances, pour insinuer qu'on vouloit l'éloigner de ce Procès au Châtelet, dans lequel on vient de voir qu'il s'agissoit uniquement de 20 pistoles de plus ou de moins.

Tel étoit l'état & des personnes & des choses quand M. de Loriere croyant avoir à se justifier des calomnies accumulées dans le Mémoire, & peut être à prévenir les Magistrats ausquels il pourroit être présenté, a distribué deux ouvrages imprimées en forme de sommations. La qualité des faits qui y sont rassemblés, & plus encore le style si connu de M. de Loriere, suffisent pour établir le peu de part de M. le Président de Vaux à ces ouvrages, qu'il eût peut-être tâché d'épargner au sieur de Charenton, s'il les avoit connus avant l'instant qui les a rendu publics, mais sur lesquels son respect pour leur auteur ne lui permet aucune sorte d'explication.

C'est aussi dans ces circonstances que le sieur de Charenton ayant appris qu'il n'y avoit rien à esperer ni en Justice ni auprès des Ministres, du Mémoire communiqué par M^e *** & qu'à l'égard des six Chapitres de contribution aucun ne réussiroit, a pris enfin le parti de s'en venger par l'indiscrette distribution de 1200 exemplaires d'un Roman de la licence duquel aucun Libelle, même entre étrangers, & entre gens indignes de tous ménagemens, n'avoit encore approché.

C'eſt donc ici le lieu de déterminer quels objets le ſieur de Charenton pouvoit avoir légitimement à traiter, pour établir que ce ſcandaleux ouvrage, abſolument inutile aux légeres conteſtations ſoumiſes à la déciſion de la Juſtice, n'a été enfanté que par le déſir criminel de punir M. de Loriere & M. le Préſident de Vaux d'avoir oſé réſiſter aux exactions du ſieur de Charenton; ſyſtême auſſi nouveau dans le projet, qu'il a été barbare dans l'exécution, & qu'il ſeroit funeſte dans ſes conſéquences, ſoit aux peres, ſoit aux enfans.

Ce Roman eſt intitulé: *Mémoire tant au Criminel qu'au Civil.* Impoſant frontiſpice, ſans doute, mais auquel l'édifice répond bien mal.

Au Criminel le ſieur de Charenton n'avoit point de procès. M. ſon pere & M. ſon frere avoient arrêté par pitié les progrès d'une procédure, uniquement engagée dans le deſſein d'oppoſer un frein à ſes fureurs. La plainte & les informations n'avoient point été décrétées.

Juſques là cependant, ou juſqu'à l'inſtant qu'une affaire eſt civiliſée, la plainte & les informations ſont des pieces ſécrettes. L'Accuſé n'a pas le droit d'en parler, & ne le peut raiſonnablement. La Requête d'atténuation n'eſt permiſe qu'après l'interrogatoire. Un Libelle apologétique peut-il précéder le moment auquel ſeul la Requête d'atténuation pourroit être préſentée?

Il eſt vrai que le ſieur de Charenton avoit interjetté appel de la permiſſion d'informer, & fait apporter les informations au Greffe de la Cour. Mais d'abord cet appareil n'avoit évidemment pour objet que de ſe ménager un prétexte d'imprimer contre M. ſon pere & contre M. ſon frere. Nul interêt légitime ne pouvoit porter le ſieur de Charenton à faire juger l'appel d'une procédure ſuſpendue dans ſon principe; dira-t'il à l'égard de M. ſon pere & de M. ſon frere, ce qu'on dit à l'égard d'un étranger, qu'un homme délicat ne laiſſe ſubſiſter contre lui aucun titre d'accuſation? ce qui eſt délicateſſe en général, ne peut être ici que caprice & que méchanceté, ſoit qu'on considere la qualité des plaignans & de l'accusé, soit qu'on considere le sujet de la plainte.

Supposons cependant qu'on puisse permettre au sieur de Charenton ce faux & ridicule point d'honneur? Où étoit la nécessité pour faire juger l'appel de la permission d'informer, d'imprimer avec scandale? un fils réellement pénétré du malheur de paroître en Justice dans la qualité d'accusé par son pere, un fils respectueux & raisonnable a-t'il pû penser à faire de cette triste situation la matiere d'une journée amusante pour le public?

Permettons à présent au sieur de Charenton d'imprimer. Il est accusé d'avoir écrit des Lettres outrageantes contre M. son pere & contre M. son frere; il a dû les désavouer ou les justifier. Il ne fait ni l'un ni l'autre; il est accusé d'avoir inondé un fort long manuscrit de calomnies & d'horreurs contre M. son pere & contre M. son frere. Il va certainement se justifier, soit en méconnoissant cet abominable ouvrage, soit en prouvant ce qu'il contient, & la necessité dans laquelle il s'est trouvé de le dire. Le Mémoire ne parle seulement pas de ce manuscrit. Il est accusé de ne s'être permis ces odieux écarts que pour forcer M. son pere & M. son frere 1°. à lui payer 8000 liv. qui ne lui sont pas dûes. 2°. à lui rendre une obligation de 7192 liv. qu'il doit; 3°. à lui assigner une pension alimentaire, à laquelle il avoit renoncé au Châtelet; 4°. à lui composer une dot après son mariage; 5°. à lui rendre un billet de 750 liv. qu'il a souscrit pour ses pensions & pour ses loyers; 6°. à lui payer 6000 liv. pour frais d'un déménagement qu'il a sollicité, & qu'il suppose forcé par M. de Loriere. Le manuscrit qui contient ces six chefs de prétentions est déposé. Le sieur de Charenton va donc ou soutenir que ces demandes ne sont pas de lui, ou établir d'un côté qu'elles sont régulieres, & de l'autre, qu'il a eu droit de les proposer d'autorité sans se pourvoir en Justice. Voilà ce qu'on doit attendre de sa plume, mais elle ne sçait produire que ce qu'elle devroit se défendre. son Mémoire est aussi silentieux sur ces objets que s'il n'en étoit pas question. Il est néanmoins intitulé *Mémoire tant au Criminel qu'au Civil.* Tout ce qu'on peut en conclure, c'est que le titre quant à cette moitié n'est point exact, il en sera bientôt de même quant à l'autre moitié.

Au Civil, une Sentence du Châtelet adjugeoit 719 liv. au ſieur de Charenton. Appel de M. ſon frere, & cet appel n'étoit même pas interjetté lorſque le Mémoire a paru. On n'a pas eu la patience de l'attendre. Un ſi bel & ſi décent ouvrage ne pouvoit aſſez tôt ſervir d'amuſement au public, & de modéle au Barreau.

Appel donc de M. le Préſident de Vaux en ce qu'une déduction qu'il propoſoit a été rejettée, & en ce qu'il y a erreur dans le calcul; d'ailleurs, M. le Préſident de Vaux demande, pour payer, main-levée des ſaiſies qui ſont entre ſes mains. La diſcuſſion Civile ſe borne là.

Falloit-il un Mémoire imprimé ſur ces deux difficultés. Si la déduction eſt juſte, il faut l'accorder, ſi elle ne l'eſt pas, il faut ſoutenir la Sentence. Si les ſaiſies ne doivent pas arrêter le payement, il faut dire pourquoi. Si elles le doivent arrêter, il faut en apporter main-levée. Toute cette diſcuſſion que l'Audience la plus ſommaire terminera, ne peut autoriſer l'idée de 1200 exemplaires d'un Mémoire imprimé, duquel d'ailleurs elle ne compoſe pas la trentieme partie.

Ainſi s'évanoüit pour la ſeconde moitié cette pompeuſe affiche *Mémoire tant au Criminel qu'au Civil.* Cet ouvrage n'a plus d'application ni aux diſcuſſions Criminelles ni aux diſcuſſions Civiles. Il ſubſiſte cependant. Tout Paris l'a reçû, il faut donc le définir.

Dès que ce prétendu Mémoire ne traite ni l'une ni l'autre des conteſtations qui n'en euſſent même pû juſtifier l'impreſſion qu'autant qu'elle auroit été modeſte, décente, & dégagée de toute diſgreſſion, ſur-tout injurieuſe; dès que ce prétendu Mémoire n'eſt qu'un tiſſu de déclamations ſur des faits domeſtiques & abſolument étrangers aux objets déférés à la connoiſſance des Magiſtrats, ce ne peut être qu'un Libelle diffamatoire, odieux de ſa nature, plus odieux par la qualité de celui qui le diſtribue, intolérable par la qualité de ceux contre leſquels il le répand, plus intolérable encore par les motifs qui l'ont formé, & par la fauſſeté des faits que M. le Préſident de Vaux a préſentement à confondre.

TROISIE'ME PARTIE.

Fausseté des faits supposés dans le Libelle du sieur de Charenton. Indécente affectation de son style.

Le premier fait reproché à M. le Président de Vaux, c'est d'avoir trompé la Dame & la Demoiselle Destourailles, d'avoir témoigné à l'une le désir de devenir son gendre, & à l'autre celui de devenir son époux, de s'être conduit par cet artifice à leur emprunter 50000 liv. *& d'être parti ainsi orné des plumes qu'il avoit tirées à l'une & à l'autre pour aller à Bordeaux épouser la Demoiselle Boyer.*

Il est d'abord bien singulier que le sieur de Charenton qui ne cesse de s'applaudir d'avoir épousé la Demoiselle Destourailles, reproche à M. son frere de ne l'avoir pas épousée lui-même ; aimeroit il donc mieux que M. le Président de Vaux eût substitué le rolle de beau-frere, au rolle si différent dans lequel le sieur de Charenton répete sans cesse qu'il a trouvé *la félicité la plus pure?*

Au fond, rien de plus déraisonnable que ce reproche. Le sieur de Charenton convient pag. 11. que pour biens présens & à venir, la Demoiselle Destourailles n'avoit que 2850 liv. de rente ; a-t'il pû penser que ce mariage convint à l'aîné de sa maison, à la famille, à deux Tribunaux ausquels M. le Président de Vaux à l'honneur d'appartenir, à un Magistrat enfin qui, puisqu'il faut tout dire, devoit trouver dans son établissement, & dequoi payer quelques dettes, & dequoi soutenir décemment deux places honorables, au moins jusqu'à ce que les affaires de M. de Loriere fussent arrangées, si le sieur de Charenton eût été l'aîné, & se fut trouvé dans cette position, eût-il épousé la Demoiselle Destourailles? eût-il pû se persuader que la mere & la fille fussent assez simples pour en concevoir l'idée.

Le sieur de Charenton est d'autant moins pardonnable, qu'il sçait que longtems avant la connoissance de M. son frere & de la Demoiselle Destourailles, une tendresse réciproque & à toute épreuve, avoit déterminé les nœuds que le mariage de M. le Président de Vaux a depuis resserrés, & que des circonstances particulieres retardoient seules l'instant de cette union mutuellement désirée, & si différente.

C'est d'ailleurs sans aucune sorte de prétexte que le sieur de Charenton dénonce M. son frere comme coupable d'avoir trompé la Demoiselle Destourailles. Les Lettres mêmes qu'il employe pour accrediter cette fable, suffisent pour la confondre, soit par ce qu'elles contiennent, soit par la réflexion bien naturelle, que si M. le Président de Vaux se fut mis avec la Demoiselle Destourailles dans le cas de l'infidelité, une foule de Lettres claires & précises formeroient la preuve que le sieur de Charenton s'efforce en vain de trouver, dans les trois Lettres qu'il est seulement en état de représenter.

Les deux premieres sont écrites à la mere, l'une ne contient de relatif à la Demoiselle qu'un *post scriptum* qu'on peut regarder comme du stile poli, mais non pas comme du stile amoureux, *mes tendres & sinceres hommages à votre fidele compagne que je vous prie d'embrasser pour moi, en la priant de vous rendre le baiser.* Voilà ce que le sieur de Charenton appelle une promesse de mariage.

Veut-on lui faire grace de cette fausse & bizarre interprétation d'une phrase absolument sans conséquence, au moins ne pourra-t'on pas lui pardonner d'avoir persévéré en voyant la seconde Lettre qu'il rapporte cependant encore comme une preuve de son sistême. *Vos bontés*, dit ici M. de Vaux à la Dame Destourailles, *m'ont fait vous regarder depuis que j'ai l'honneur de vous connoître, comme une vraye mere & Mademoiselle votre fille comme une parfaite & respectable amie, avec ces sentimens qui dureront toute ma vie, je vous embrasse l'une & l'autre.* Traite-t'on *de parfaite & de respectable amie* une personne qu'on aime & à laquelle on désire ardemment de plaire? Lui annonce-t'on que c'est comme *respectable* qu'on l'embrasse; lui déclare-t'on *qu'on n'aura jamais pour elle d'autre sentiment?* Le véritable amour est sans doute timide & respectueux. Ces caracteres sont même les seuls garans de la constance: mais si respectueux qu'on soit, se borne-t'on à assurer l'objet aimé qu'on le trouve *respectable*. Prendre ce stile pour des déclarations, c'est ne se connoître ni en respect ni en tendresse.

Dans une troisiéme Lettre posterieure au mariage de M. le

Président de Vaux, il en rend compte à la Demoiselle Destourailles, lui explique *que c'étoient des engagemens pris par sa famille depuis douze ans*, lui rappelle qu'elle lui a permis d'avoir pour elle *les sentimens d'un frere pour une sœur.*

Il finit par s'excuser de ne lui avoir pas communiqué son mariage. *J'ai pû être coupable dans cet article, mais vous sçavez mieux que moi que les choses projettées sont souvent les moins éxécutées, si j'avois pû prévoir pour certaine l'éxécution de mon voyage j'aurois pris la liberté de vous demander & à Madame votre mere vos suffrages, n'ayant jamais eu de plus tendres amies que l'une & que l'autre*, cette phrase *les choses projettées sont souvent les moins exécutées* paroît au sieur de Charenton tirer à conséquence. Mais ce n'est que parce qu'il détache le commencement de la fin qui explique clairement qu'il n'a point fait part *à ses respectables amies* du mariage qu'il alloit contracter, parce que quoique *projetté*, ce mariage pouvoit n'être pas *éxécuté*, *& qu'il ne pouvoit le regarder comme certain.*

Tels sont cependant les seuls Titres du sieur de Charenton pour charger M. le Président de Vaux en justice, d'un prétendu délit qui seroit tout au plus du ressort de la Societé. Mais il falloit préparer la pensée, nouvelle autant que délicate, que M. le Président de Vaux *n'avoit paru disposé à épouser la Demoiselle Destourailles, que pour s'assurer par avance de la majeure partie de la Dot*: le vrai doit-il arrêter quand la fiction conduit à de si heureuses saillies ?

Ces mêmes Lettres confondent d'autant plus le sieur de Charenton qu'on y voit distinctement l'objet des emprunts de M. le Président de Vaux, & qu'il s'agissoit d'un amusement un peu cher pour lequel il s'étoit rencontré du goût de la Dame & la Demoiselle Destourailles, qui même leur en avoit procuré la connoissance. Est-ce d'aujourd'hui que les fantaisies resserrent plus l'amitié que les sentimens ? Chaque Lettre parle *d'une Médecine du Temple qu'il faut nourrir à grands frais.*

Le sieur de Charenton est d'autant plus inconciliable avec lui-même, qu'expliquant ce terme allégorique par une Note marginale, il dit que c'est une expression mystique du *grand œuvre* autrement de la recherche de la Pierre Philosophale. Voilà donc l'énigme expliquée par lui-même ; de-là les liaisons, la liberté

du

du ſtile, les emprunts. On peut ajouter que la Dame & la Demoiſelle Deſtourailles n'avoient pas à ſe plaindre de M. le Préſident de Vaux, qui leur a tenu compte de tous les frais d'un Fourneau qui ne brûloit cependant pas moins pour elles que pour lui; rien enfin ne doit paroître d'une plus mauvaiſe plaiſanterie que le reproche encore adreſſé à M. le Préſident de Vaux, d'avoir fait les frais de ſon mariage avec l'argent de la Demoiſelle Deſtourailles, puiſque d'un côté les emprunts étoient de beaucoup anterieurs à ce mariage, & que de l'autre ils avoient eu le ſort de tout ce qui paſſe par les mains des ſouffleurs. Mais il falloit encore arriver au bon mot *orné des plumes tirées à la Dame & à la Demoiſelle Deſtourailles* qu'on a rapporté en commençant.

Le ſecond reproche, c'eſt que ſur ces emprunts la Demoiſelle Deſtourailles a beaucoup perdu avec M. le Préſident de Vaux.

Il eſt démenti par l'Acte même de 1749, Acte fait avec la Demoiſelle Deſtourailles, ſous les yeux & ſur les operations de feu Me. Pioger ſon Avocat & ſon Conſeil. Eût-elle eu l'idée d'épouſer M. le Préſident de Vaux, elle ne l'avoit plus, elle n'avoit *plus rien à ménager*. Elle eut plûtôt eu à ſe venger. S'il lui avoit dû plus de 38000 liv. n'eut-elle pas exigé le ſurplus? Ce ſeroit à Monſieur le Préſident de Vaux à ſe plaindre, lui qui depuis 1743, payoit les interêts des ſommes employées *à la Medecine du Temple*, ou en formoit de nouveaux Capitaux.

Le troiſiéme reproche conſiſte en ce que pour réponſe au commandement du 8 Mars 1751, M. le Préſident de Vaux a mandié la ſaiſie du nommé Belin.

Les dattes ſuffiſent, cette oppoſition eſt du ſix Mars. Elle eſt par conſéquent anterieure de deux jours à ce commandement, qu'il n'étoit pas poſſible de prévoir, le ſieur de Charenton ayant paſſé la veille & la ſurveille dans les témoignages de la plus tendre amitié chez M. & Madame de Vaux.

Le quatriéme reproche, c'eſt que M. de Vaux a empêché M. ſon pere de tenir le ſieur de Charenton fils ſur les fonds. C'eſt un jeu d'imagination préparé avec art pour intereſſer le lecteur, & rien de plus. Jamais M. de Loriere n'a pris Conſeil de M. le Préſident de Vaux. Egalement maître de tous ſes enfans, il a toujours conſervé ſur eux une égale autorité. La Lettre écrite au ſieur de Charenton, & dont on a précédemment rendu compte le prouve aſſez. Au reſte ce n'eſt qu'à lui-même que le ſieur de Charenton doit imputer ce refus. Il ſe le fut épargné, ou l'eut fait ceſſer en s'excuſant auprès de M. ſon pere des affreuſes calomnies & du ſtile criminel des Lettres & du Manuſcrit qui ont donné lieu aux plaintes. Juſques-là M. de Loriere, que tous les peres approuveront d'avoir ceſſé de voir le ſieur de Charenton, ne pouvoit s'engager dans une cérémonie à laquelle le ſieur de Charenton devoit aſſiſter. Qu'il n'impute donc qu'à lui-même un refus qu'il n'auroit pas éprouvé s'il n'eut pas trouvé d'une ame foible de demander excuſe à un pere empreſſé de lui faire grace & qui la lui a faite offrir. Lui ſeul a refuſé *cette treve à ſes malheurs* qu'il ſe plaint de n'avoir pas obtenue, & s'il a véritablement à gémir ſur le ſort de l'enfant, c'eſt beaucoup moins de ne l'avoir pas vû, en naiſſant dans les bras d'un ayeul tendre, que de l'en avoir arraché.

Le cinquiéme reproche conſiſte à avoir préſenté des Placets au Miniſtre pour faire caſſer & enfermer le ſieur de Charenton.

On a expliqué que le Placet avoit ſeulement pour objet d'engager le Miniſtre à lui refuſer un Congé dans la crainte que M. le Préſident de Vaux, outragé au-delà de l'expreſſion par les Lettres & le Manuſcrit dont il a rendu plainte, ne fut pas maître d'un juſte reſſentiment, ſurtout demeurant dans la même Maiſon que le ſieur de Charenton. On a également fait voir que ce placet fut l'ouvrage de la prudence de M. de Loriere ſeulement, & que M. le Préſident de Vaux n'y eut aucune part.

Le ſixiéme reproche conſiſte en ce que M. le Préſident de Vaux a fait céder à deux Subalternes du Bureau des Finances les Billets que le ſieur de Charenton avoit fait à Baloche & à Noret pour pouvoir pourſuivre le ſieur de Charenton ſous ces noms interpoſés & arrêter ainſi le payement des arrérages de ſa rente.

Mais M. le Préſident de Vaux n'a d'autre part à ces operations que d'avoir autrefois fait connoître à M. de Loriere ces deux Particuliers dont M. de Loriere, qui les trouve ſans ceſſe ſous ſa main, a emprunté les noms, même ſans que M. le Préſident de Vaux en fut inſtruit.

Au fond M. de Loriere avoit pris les Billets de ſon fils à

Baloche & à Noret pour de l'argent comptant, il étoit donc juste qu'il s'en fit tenir compte. Le nombre d'enfans ausquels il se doit également, ne lui permet pas des liberalités indiscretes; & il n'étoit point d'occasion où M. de Loriere fut plus en droit de faire valoir ses droits, que celle où le sieur de Charenton le traitoit, ainsi que M. le Président de Vaux, avec indignité, les outrageoit, les diffamoit, les mettoit à contribution. C'est de la part du sieur de Charenton une nouvelle infidelité que de supposer que M. son pere lui eut fait don de ces deux sommes, pour en conclure que c'est aujourd'hui M. le Président de Vaux qui les reclame sous le nom de M. son pere. Le sieur de Charenton convient dans son Mémoire que sur ce qu'il emprunta en 1749 de Noret, il paya peu après à M. de Loriere 300 liv. en déduction de ce Billet. C'en est assez pour le confondre. Eut-il eu à payer M. de Loriere une créance dont M. de Loriere lui auroit accordé la remise.

Le septiéme reproche consiste en ce que M. le Président de Vaux, sous le nom de M. de Loriere, a fait imprimer deux Actes en forme de sommations dont l'amour propre du sieur de Charenton s'offense.

On a déja répondu qu'il ne faut que lire ces deux ouvrages pour y reconnoître des faits que M. de Loriere pouvoit seul sçavoir avec précision. Le stile de M. de Loriere, qui porte des caracteres ausquels on ne peut se tromper, confond également cette supposition. La signature de M. de Loriere, qui en terminant ces deux ouvrages, en annonce assez clairement l'Auteur, ne la confond pas moins positivement. C'est donc une noirceur de la part du sieur de Charenton, qui peut certainement moins que tout autre méconnoître le caractere, l'autorité & la plume de M. son pere dans ses ouvrages, de les attribuer à M. le Président de Vaux pour faire naître de cette fiction le prétexte de le diffamer. C'est une ruse grossiere pour se ménager le droit de violer sans pudeur le respect qu'il veut cependant paroître conserver pour M. son pere. Cette double combinaison qui le conduit à manquer, & à ce qu'il doit à M. son pere, & à ce qu'il doit à M. son frere, ne rendroit-elle pas l'ouvrage plus criminel, s'il ne l'étoit pas d'ailleurs au-delà de l'idée qu'on peut se faire du mal & de tout ce qu'on peut dire pour le bien peindre?

Le huitiéme reproche consiste à avoir remis à M. de Loriere une Lettre, par laquelle en 1734 le sieur de Charenton demandoit du secours à M. le Président de Vaux pour réparer une perte de 2500 liv. faite dans un moment d'yvresse.

Le sieur de Charenton apprend si bien dans son Mémoire qu'on ne sçauroit trop cacher la honte de son pere & de son frere, que si la représentation de cette Lettre a été faite sans une excellente raison M. le Président de Vaux aura quelque tort : mais si c'est après que le pere & le fils indignement attaqués, accablés de calomnies, géneralement diffamés par les Lettres & les Manuscrits dont ils ont été forcés de rendre plainte, mis enfin à contribution, ont été obligés de préparer & de se communiquer les preuves & de l'injustice & de l'ingratitude du sieur de Charenton, si cette Lettre & tant d'autres n'ont vû le jour qu'autant qu'elles sont devenuës nécessaires à la justification de M. le Président de Vaux, quoi de plus naturel, quoi de plus conforme aux regles d'une légitime défense *arn aque in armatos sumere jura sinunt.*

Eh! qui pourroit penser que si M. le Président de Vaux eut pû s'en dispenser, une Lettre contraire au sieur de Charenton eût jamais vû le jour. On pouvoit être incertain avant que de connoître la défense. Mais le peut-on après avoir vû combien M. de Vaux s'est empressé dans tous les tems, non seulement pour empêcher les torts de son frere, de devenir publics, mais encore pour les réparer, & même pour les effacer dans l'interieur de la famille? Sa Lettre à M. de Loriere suffiroit seule pour qu'il ne soit pas possible de s'en former une autre idée.

Le neuviéme reproche consiste dans beaucoup de détails confusément accumulés dans une Lettre faite par le sieur de Charenton, en apparence pour l'instruction de son Avocat, dans le vrai pour adresser sous ce déguisement de nouvelles injures à M. de Loriere & à M. le Président de Vaux, & dont M. de Plainesevette Magistrat respectable paroît avoir en partie attesté la sincerité.

Mais cette Lettre & les faits qu'elle contient ne regardent point M. le Président de Vaux. Ils n'ont rapport qu'à M. de Loriere. On n'y voit même de clair qu'une décision conditionnelle de M. de Plainesevette, que si M. de Loriere a promis d'honneur de nourrir les sieur & Dame de Charenton, il doit le faire, ce qui laisse subsister le doute sur ce fait sans cesse proposé par le sieur de Charenton, nié par M. son pere, détruit par le Contrat de Mariage & par le Billet de 750 liv. du sieur de Charenton, seules Loix à consulter sur ce point.

Le dixiéme reproche est un reproche vague adressé au Président de Vaux, sur ce qu'il *ne connoît pas les vertus de cœur*. En devinant ce que cet assemblage de mots, peu faits pour être assortis, peut vouloir dire, on croit le reproche suffisamment détruit par les preuves réunies dans la premiere partie de cet ouvrage, qu'il n'est aucune espece de services que M. le Président de Vaux n'ait rendu pendant quinze ans au sieur de Charenton, qu'il s'est épuisé pour lui, qu'il lui a rendu les bontés d'un pere justement indigné, qu'il l'a marié, & qu'il a seul de justes sujets de se plaindre, surtout depuis le refus du Billet de 7192 livres.

Le onziéme reproche consiste en ce que, dans les deux significations dont on a parlé, M. le Président de Vaux a défiguré les Lettres du sieur de Charenton pour les rendre contraires au respect avec lequel il devoit écrire à M. son pere.

On a déja répondu & prouvé que M. le Président de Vaux n'a eu aucune part à ces significations, qu'elles sont l'ouvrage de M. de Loriere, qu'il n'est pas possible de l'y méconnoître, & que c'est une infidélité de la part du sieur de Charenton de feindre de s'y tromper, pour acquérir le droit de décrier M. son frere.

On ajoute, que ces Lettres ne sont point tronquées ni défigurées dans ce Mémoire, qu'on les y a copiées mot à mot sur les originaux annexés aux plaintes, & qu'elles n'y sont pas moins scandaleuses que dans les deux Actes imprimés de M. de Loriere.

Le douziéme reproche consiste en ce que M. le Président de Vaux a écrit au nommé Deleau créancier du sieur de Charenton, & lui a marqué que s'il vouloit être payé, il n'avoit qu'à lui envoyer une procuration pour faire saisir entre ses mains.

Quand on sçait que de tous les Créanciers du sieur de Charenton, Deleau est le seul auquel M. le Président de Vaux ait écrit; quand on sçait quel est ce *Deleau* & dans quelles circonstances M. le Président de Vaux lui a écrit, rien n'est plus simple. Deleau a été l'homme d'affaires de M. de Loriere. C'étoit chez M. le Président de Vaux que M. de Loriere l'avoit connu; c'étoit à la sollicitation de M. le Président de Vaux que Deleau avoit prêté au sieur de Charenton. M. le Président de Vaux avoit promis à Deleau de le faire payer; il s'étoit verbalement rendu caution. Cette dette étoit la sienne; il étoit obligé d'honneur, ou de la faire payer, ou de la payer lui-même. Deleau l'avoit même souvent sollicité de lui procurer son payement. Si le sieur de Charenton osoit disconvenir de ces faits, une Lettre qu'il a lui-même écrite à ce sujet à M. le Président de Vaux, lui imposeroit bientôt silence.

Dans de semblables circonstances, n'y eût-il eu aucun différend entre M. le Président de Vaux & le sieur de Charenton, M. le Président de Vaux n'eût-il eu d'autre raison que de dégager sa parole, il eût été en droit d'écrire à Deleau de faire saisir entre ses mains, parce qu'il n'appercevoit point d'autre moyen pour le faire payer. Il y eut même été obligé. Combien à plus forte raison cette démarche doit-elle paroître légitime dans des circonstances où M. le Président de Vaux y trouvoit le juste moyen de punir un cadet, dont les excès n'avoient depuis longtems aucune sorte de bornes.

C'est donc avec grande raison que M. le Président de Vaux assuroit, il n'y a qu'un instant, que tous les faits malignement accumulés dans le Mémoire du sieur de Charenton, étoient ou absolument faux, ou déguisés dans leurs principales circonstances.

Cette preuve établie, les trois objets de cette réponse sont remplis.

Il est prouvé que M. le Président de Vaux s'est épuisé pendant quinze ans pour rendre à son frere des services de toute espèce; qu'il a fait pour lui tout ce que le pere le plus tendre auroit pû faire, & que son frere l'a reconnu jusqu'au refus du billet de 7192 liv.

Il est prouvé que le Libelle du sieur de Charenton ne doit le jour qu'à son désespoir, de ce que M. son pere & M. son frere ont eu la fermeté de s'affranchir, soit de la restitution de ce billet de 7192 liv. soit de plus de 40000 liv. de contributions.

Il est enfin prouvé que cette diffamation n'eût fait aucune impression si les faits qui y servent de baze n'essent été, les uns absolument imaginés & ajustés au projet du sieur de Charenton, les autres altérés dans les circonstances décisives.

En faudroit-il davantage pour assurer à M. le Président de Vaux la suppression de ce Libelle & les réparations les plus considérables, si, ne perdant pas de vûe la qualité de celui qu'il est obligé de combattre, il ne se fût réduit à un écu de dommages-intérêts applicables aux pauvres? Où en seroit-on désormais? Quel Citoyen, quel pere de famille, quel créancier seroit en sûreté, si pour se faire rendre ses billets sans payer, ou imposer telles Loix qu'on jugeroit à propos, on n'avoit plus qu'à menacer d'une diffamation? Et qui peut se dissimuler combien cette nouvelle invention feroit de progrès, si une diffamation, précisément hazardée par ce principe, étoit tolérée?

Si ces considérations suffisent pour réunir contre le libelle du sieur de Charenton l'indignation des Magistrats & de tout homme juste & raisonnable, cette indignation doit sans doute redoubler quand on observera encore, d'un côté que c'est un cadet comblé de bienfaits par son aîné qui se livre contre lui à ces odieux excès; & de l'autre, la situation de M. le Président de Vaux, Membre d'une Compagnie supérieure, Chef d'une Compagnie distinguée, & dans tous les tems également fidel aux devoirs que l'un & l'autre état lui prescrivent.

Plus l'une & l'autre Compagnie doivent désirer de voir punir avec sévérité un Magistrat qui se seroit rendu coupable, plus aussi l'une & l'autre doivent espérer de le voir vangé par la suppression du Mémoire du sieur de Charenton, quand un criminel projet de le perdre ou de *s'enrichir de ses dépouilles*, a évidemment guidé seul tous les coups qui lui sont portés dans ce scandaleux Roman.

Qui pourroit en douter en voyant le triste détail dans lequel M. le Président de Vaux vient d'être contraint de descendre? Qui pourroit en douter surtout en réflechissant un instant sur la perpétuelle affectation du style du libelle, style alternativement ou malin, ou cruel, suivant que le sieur de Charenton a voulu préparer à sa famille ou des ridicules, ou de l'indignation; style qui tend évidemment à semer la discorde entre M. le Président de Vaux & Madame son épouse, par la coupable adresse d'insé rer dans l'ouvrage *qu'elle ne connoît pas toutes les dettes de son mari*; style qui tend évidemment à faire un objet de dérision des honorables dépenses que la fortune de Madame de Vaux autorise, en lui reprochant publiquement, ainsi qu'à M. le Président de Vaux, *de s'ennyvrer à l'envi d'un fracas passager & nécessairement ruineux pour ne courir que plus promptement à leur perte*, style qui tend évidemment à rendre M. le Président de Vaux odieux à une mere aussi respectée que respectable, & également aimée, & à une sœur pour le bonheur de laquelle il n'est point de sacrifices qu'il ne fit avec empressement, & qu'il ne crût inférieur à ce qu'elle mérite.

Mais faut-il analyser cet ouvrage dont les Auteurs semblent désavouer l'impardonnable licence; l'un en parlant lui-même sous la signature de son Avocat; l'autre en signant ce que ce style à la premiere personne ne permet pas de regarder comme son travail. Faut-il décomposer ce Mémoire dont la forme, que la malignité a seule introduite, est si contraire à la discipline & à la décence du Bareau, & qui n'offre au fond de la part du sieur de Charenton qu'un perpétuel & bizare contraste de respect & d'indépendance, de tendresse & de fureur, d'accablement & d'intrépidité, contraste qui annonce si précisément un ouvrage de caprice & d'imagination? Quelle est la phrase qui ne prouve pas qu'on y a beaucoup moins cherché à penser qu'à nuire, à écrire qu'à déchirer? En est-il une seule à laquelle la Justice pût faire grace?

Signé, BILLARD DE VAUX.

Monsieur , *Avocat Général.*

Me GRAVIERE DU RAULOY, Avocat.

GOBILLON, Proc.

De l'Imprimerie de MONTALANT, Quay des Augustins, 1752.

www.ingramcontent.com/pod-product-compliance
Ingram Content Group UK Ltd.
Pitfield, Milton Keynes, MK11 3LW, UK
UKHW020455230726
13925UKWH00005B/1951

9 782019 213619